Impressum
Verlag: BABADADA GmbH, Nedderfeld 112 , 22529 Hamburg
Geschäftsführer / Verlagsleitung: Harald Hof
Druck: Books on Demand GmbH, In de Tarpen 42, 22848 Norderstedt

Imprint
Publisher: BABADADA GmbH, Nedderfeld 112 , 22529 Hamburg, Germany
Managing Director / Publishing direction: Harald Hof
Print: Books on Demand GmbH, In de Tarpen 42, 22848 Norderstedt, Germany

училище
xue xiao

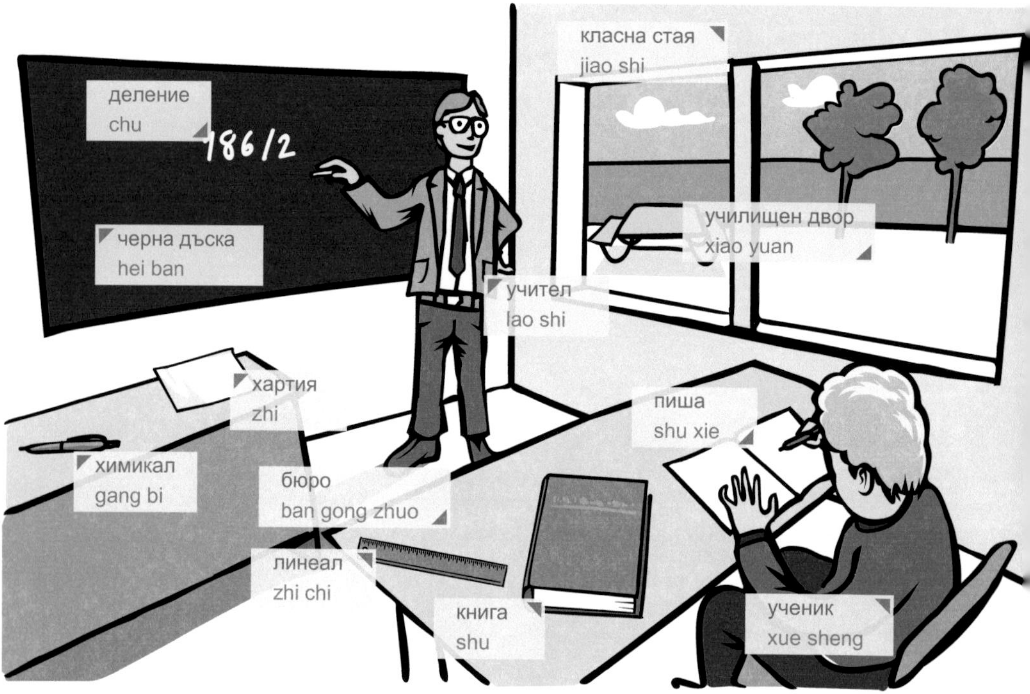

класна стая
jiao shi
деление
chu
186/2
черна дъска
hei ban
училищен двор
xiao yuan
учител
lao shi
хартия
zhi
пиша
shu xie
химикал
gang bi
бюро
ban gong zhuo
линеал
zhi chi
книга
shu
ученик
xue sheng

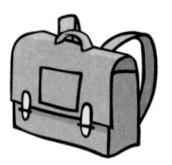

ученическа раница

shu bao

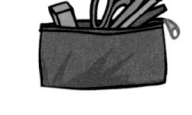

ученически несесер

qian bi he

молив

qian bi

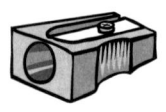

острилка за моливи

juan bi dao

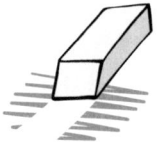

гума

xiang pi ca

блок за рисуване

hua ban

рисунка

tu hua

четка

hua bi

акварелни бои

yan liao he

ножица

jian dao

лепило

jiao shui

тетрадка за упражнения

lian xi ce

домашна работа

jia ting zuo ye

число

shu zi

събиране

jia

изваждане

jian

умножение

cheng

смятане

ji suan

буква

zi mu

азбука

zi mu biao

дума

zi

текст

ke wen

чета

du

тебешир

fen bi

час

shang ke

дневник на класа

deng ji

изпит

kao shi

свидетелство

zheng shu

ученическа униформа

xiao fu

образование

jiao yu

справочник

bai ke quan shu

университет

da xue

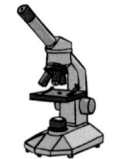

микроскоп

xian wei jing

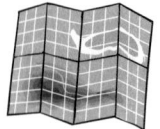

карта

di tu

кошче за хартиени
отпадъци

fei zhi kuang

училище - xue xiao

пътуване

lü xing

хотел
jiu dian
хостел
qing nian lü xing she
обменно бюро
wai bi dui huan chu
куфар
shou ti xiang
кола
qi che

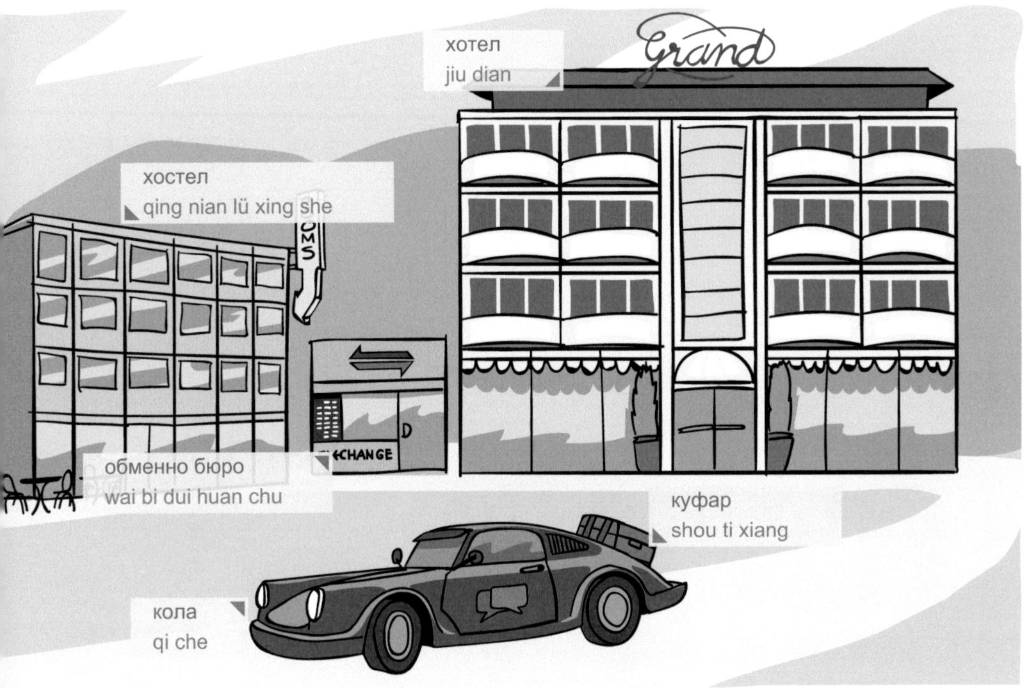

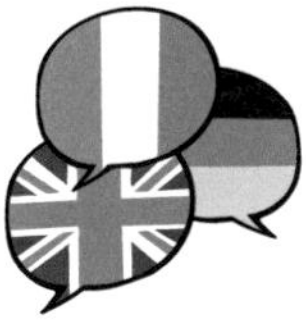

език
yu yan

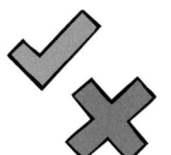

да / не
shi/fou

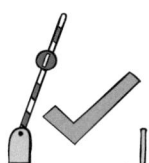

Окей
hao de

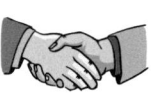

здравей
nin hao

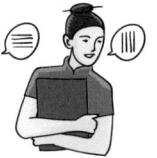

преводач
fan yi yuan

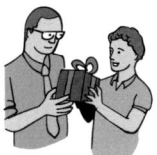

Благодаря
xie xie

Колко струва…?

……duo shao qian?

Не разбирам

wo bu ming bai

проблем

wen ti

Добър вечер!

wan shang hao!

Добро утро!

zao shang hao!

Лека нощ!

wan an!

довиждане

zai jian

посока

fang xiang

багаж

xing li

пътна чанта

bao

раница

shuang jian bao

посетител

ke ren

стая

fang jian

спален чувал

shui dai

палатка

zhang peng

уристическа информация

lü you xin xi

плаж

hai tan

кредитна карта

xin yong ka

закуска

zao can

обед

wu can

вечеря

wan can

билет

piao

асансьор

dian ti

пощенска марка

you piao

граница

bian jie

митница

hai guan

посолство

da shi guan

виза

qian zheng

паспорт

hu zhao

пътуване - lü xing

транспорт

jiao tong yun shu

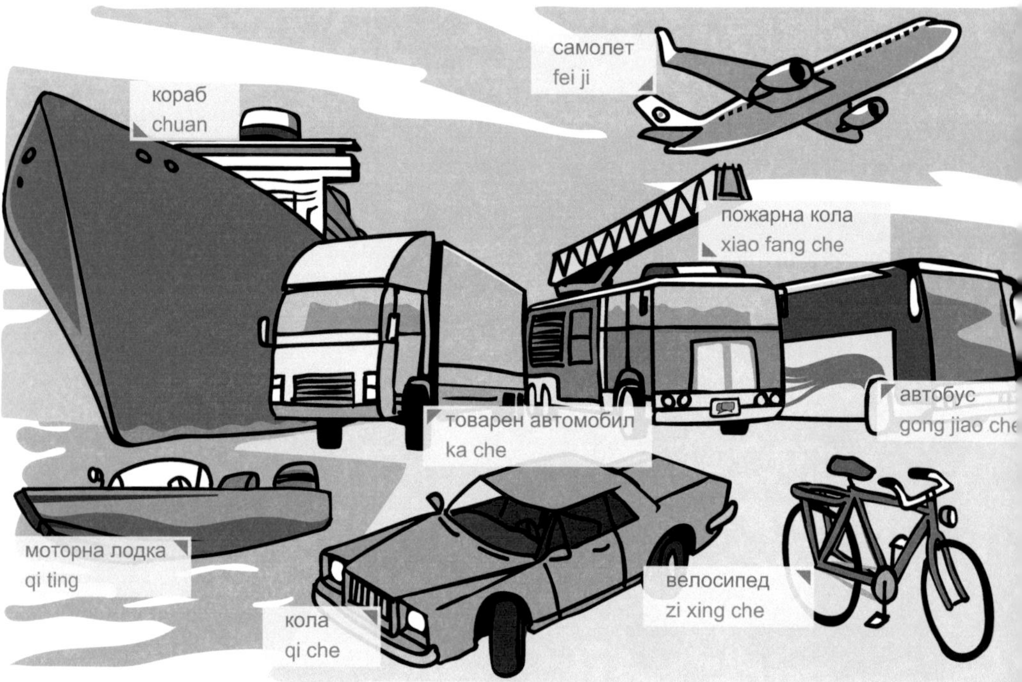

самолет
fei ji
кораб
chuan
пожарна кола
xiao fang che
автобус
gong jiao che
товарен автомобил
ka che
моторна лодка
qi ting
велосипед
zi xing che
кола
qi che

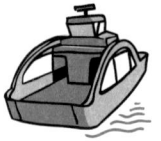

ферибот

bai du chuan

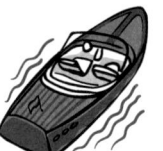

лодка

xiao chuan

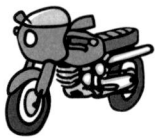

мотоциклет

mo tuo che

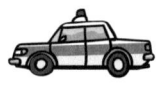

полицейска кола

jing che

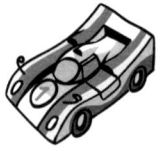

състезателна кола

sai che

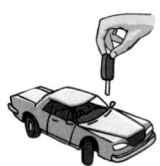

кола под наем

zu che

каршеринг

pin che

автомобил от "Пътна помощ"

tuo che

сметовоз

la ji che

двигател

fa dong ji

бензин

qi you

бензиностанция

jia you zhan

пътен знак

jiao tong biao zhi

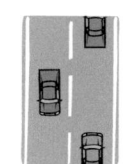

улично движение

jiao tong

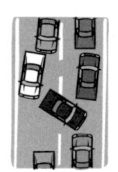

задръстване

jiao tong du sai

паркинг

ting che chang

гара

huo che zhan

релси

gui dao

влак

huo che

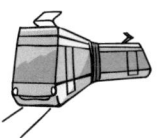

трамвай

dian che

вагон

huo che

хеликоптер

zhi sheng ji

аерогара

ji chang

кула

ta

пасажер

cheng ke

контейнер

ji zhuang xiang

кашон

zhi ban xiang

ръчна количка

shou tui che

кошница

lan zi

излитам / приземявам се

qi fei/jiang luo

град

cheng shi

село

cun zhuang

градски център

shi zhong xin

къща

fang zi

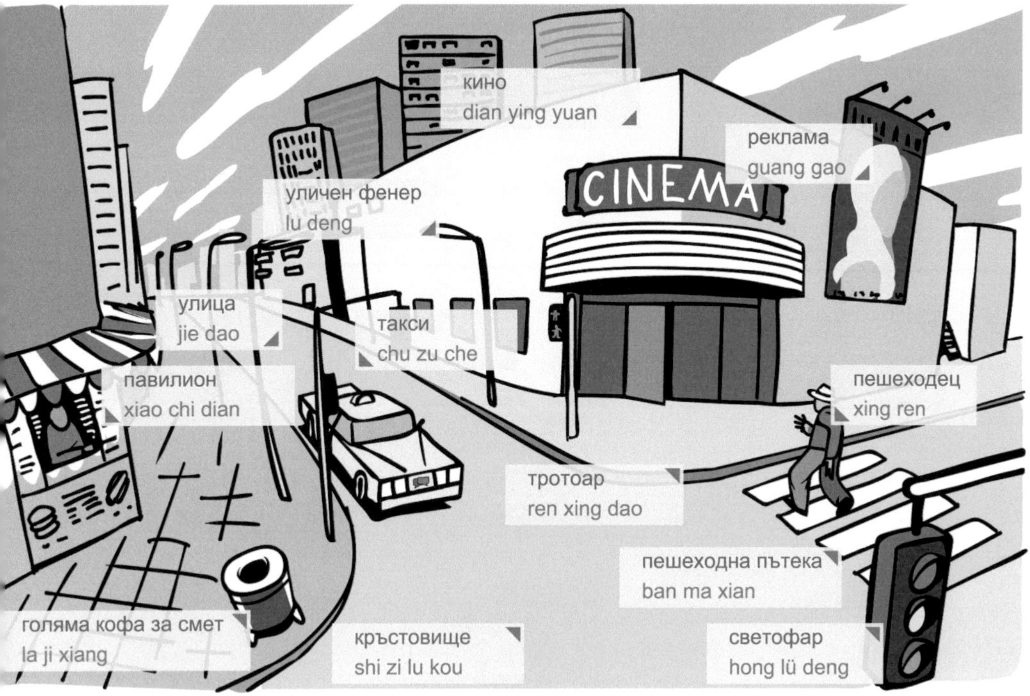

кино
dian ying yuan

реклама
guang gao

уличен фенер
lu deng

улица
jie dao

такси
chu zu che

павилион
xiao chi dian

пешеходец
xing ren

тротоар
ren xing dao

пешеходна пътека
ban ma xian

голяма кофа за смет
la ji xiang

кръстовище
shi zi lu kou

светофар
hong lü deng

CINEMA

MUSEUM

хижа

xiao wu

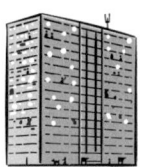

жилище

gong yu

гара

huo che zhan

кметство

shi zheng ting

музей

bo wu guan

училище

xue xiao

университет

da xue

банка

yin hang

болница

yi yuan

хотел

jiu dian

аптека

yao fang

офис

ban gong shi

книжарница

shu dian

магазин за цветя

shang dian

магазин за цветя

hua dian

супермаркет

chao shi

пазар

shi chang

универсален магазин

bai huo shang dian

търговец на риба

yu dian

търговски център

gou wu zhong xin

пристанище

hai gang

парк

gong yuan

пейка

chang deng

мост

qiao

стълба

lou ti

метро

di tie

тунел

sui dao

автобусна спирка

gong jiao che zhan

бар

jiu ba

ресторант

can guan

пощенска кутия

you tong

улична табелка

lu biao

часовник за паркинг престой

ting che ji shi qi

зоологическа градина

dong wu yuan

плувен басейн

you yong guan

джамия

qing zhen si

селски двор

nong chang

замърсяване на околната среда

wu ran

гробище

mu di

църква

jiao tang

детска площадка

cao chang

храм

si miao

пейзаж
di xing

листо
shu ye

пътепоказател
zhi shi pai

път
lu

ливада
cao di

камък
shi tou

дърво
shu

пътешественик
tu bu lü xing zhe

река
he

трева
cao

цвете
hua

долина

xia gu

планина

shan

море

hu

гора

sen lin

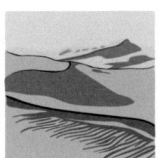

пустиня

sha mo

вулкан

huo shan

замък

cheng bao

дъга

cai hong

гъба

mo gu

палма

zong lü shu

комар

wen zi

муха

cang ying

мравка

ma yi

пчела

mi feng

паяк

zhi zhu

бръмбар

jia chong

жаба

qing wa

катеричка

song shu

таралеж

ci wei

заек

ye tu

кукумявка

mao tou ying

птица

niao

лебед

tian e

диво прасе

ye zhu

елен

lu

лос

mi lu

бент

shui ba

вятърна турбина

feng li fa dian ji

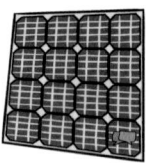

соларен модул

tai yang neng dian chi ban

климат

qi hou

ресторант

can guan

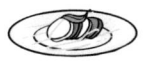

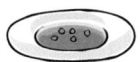

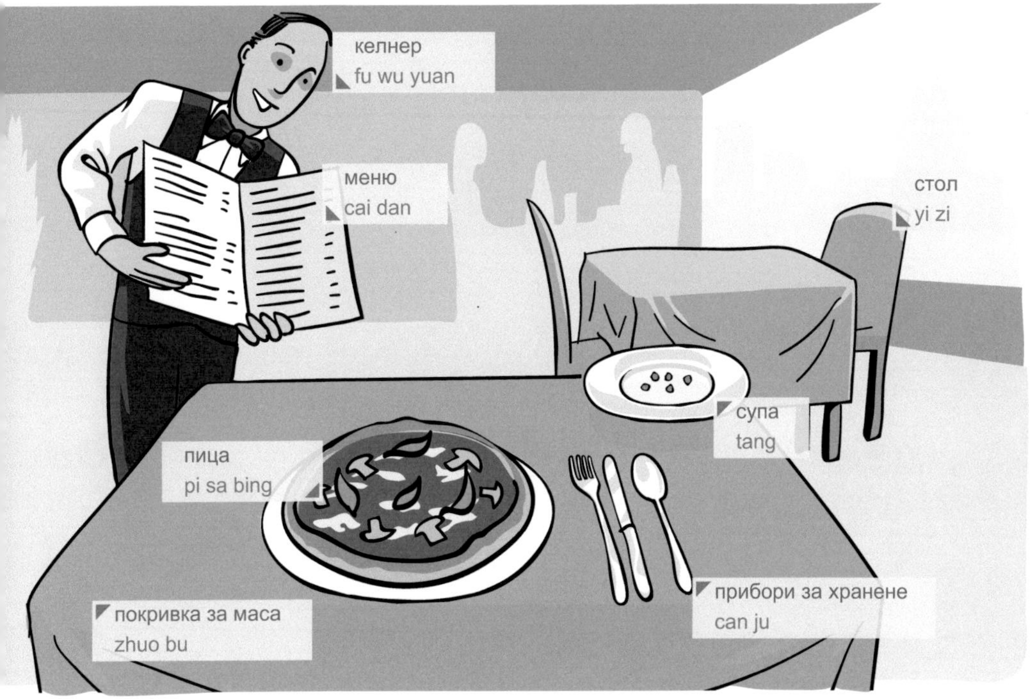
келнер
fu wu yuan
меню
cai dan
стол
yi zi
супа
tang
пица
pi sa bing
прибори за хранене
can ju
покривка за маса
zhuo bu

предястие

qian cai

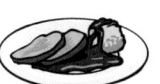

основно ястие

zhu cai

десерт

tian dian

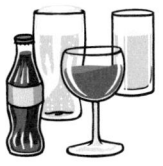

напитки

yin liao

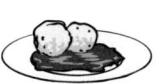

ядене

shi wu

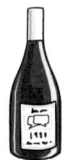

бутилка

ping zi

бързо хранене

kuai can

улична храна

jie bian xiao chi

кана за чай

cha hu

кутия за захар

tang he

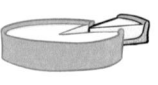

порция

yi fen fan cai

еспресо машина

yi shi ka fei ji

висок детски стол

gao jiao yi

сметка

zhang dan

табла

tuo pan

ножица за нокти

dao

вилица

can cha

лъжица

shao zi

чаена лъжичка

cha chi

салфетка

can jin

стъклена чаша

bo li bei

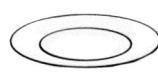

чиния

die zi

чиния за супа

tang pan

чинийка

die zi

сос

jiang

солница

yan ping

мелничка за черен пипер

hu jiao mo

оцет

cu

олио

shi yong you

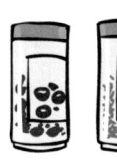

подправки

tiao wei liao

кетчуп

fan qie jiang

горчица

jie mo

майонеза

dan huang jiang

супермаркет

chao shi

оферта
te jia
FOR
клиент
gu ke
млечни продукти
ru zhi pin
плодове
shui guo
количка за покупки
gou wu che

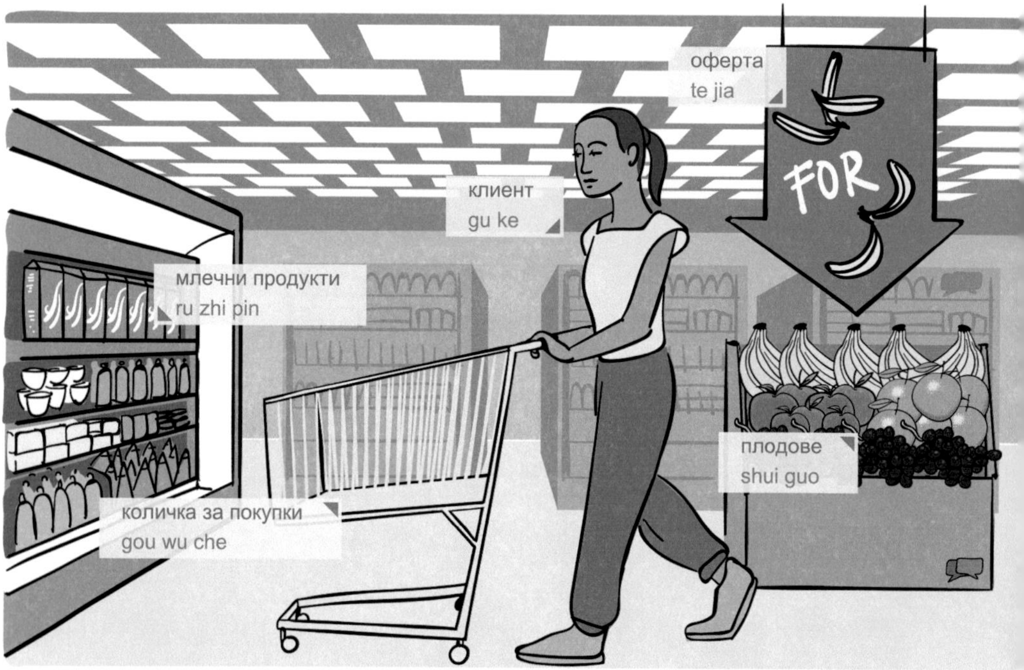

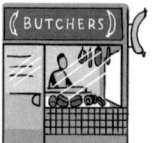

BUTCHERS

кланица

rou pu

BAKERY

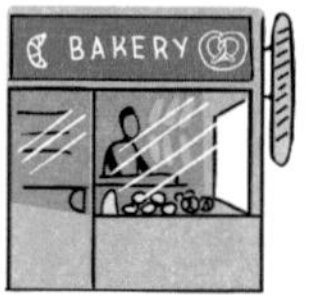

хлебарница

mian bao fang

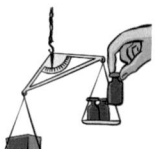

тегля

cheng zhong

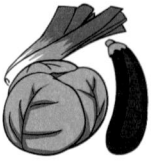

зеленчуци

shu cai

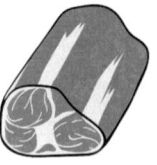

месо

rou

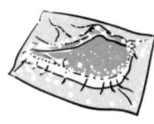

дълбоко замразена храна

leng dong shi pin

нарязан колбас или
сирене
leng pan

консерви

guan tou shi pin

перилен препарат

xi yi fen

лакомства

tian shi

домакински изделия

ri yong pin

почистващи препарати

qing jie yong pin

продавачка

xiao shou yuan

каса

shou yin ji

касиер

shou yin yuan

списък на покупките

gou wu qing dan

работно време

kai fang shi jian

портфейл

qian bao

кредитна карта

xin yong ka

чанта

dai zi

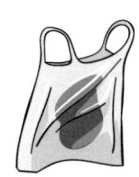

пластмасова торба

su liao dai

вода

shui

сок

guo zhi

мляко

niu nai

кола

ke le

вино

hong jiu

бира

pi jiu

алкохол

jiu

какао

ke ke

чай

cha

кафе машина

ka fei

еспресо

yi shi nong suo ka fei

капучино

ka bu qi nuo

банан

xiang jiao

ябълка

ping guo

портокал

cheng zi

пъпеш

xi gua

лимон

ning meng

морков

hu luo bo

чесън

da suan

бамбук

zhu zi

лук

yang cong

гъба

mo gu

ядки

jian guo

макарони

mian tiao

спагети

yi da li mian tiao

ориз

mi fan

салата

sha la

пържени картофи

shu tiao

печени картофи

zha tu dou

пица

pi sa bing

хамбургер

han bao bao

сандвич

san ming zhi

шницел

zha zhu pai

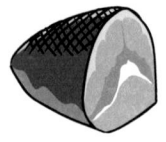

шунка

huo tui

траен колбас

sa la mi

салам

xiang chang

пиле

ji rou

печено

kao rou

риба

yu

ядене - shi wu

овесени ядки

yan mai pian

мюсли

mu zi li

корнфлейкс

yu mi pian

брашно

mian fen

кроасан

yang jiao mian bao

хлебчета

mian bao juan

хляб

mian bao

препечена филийка

kao mian bao

бисквити

bing gan

масло

huang you

извара

ning ru

сладкиш

dan gao

яйце

dan

яйца на очи

jian dan

сирене

nai lao

сладолед

bing ji lin

захар

tang

мед

feng mi

мармалад

guo jiang

нуга крем

qiao ke li jiang

къри

ga li fan

селски двор
nong chang

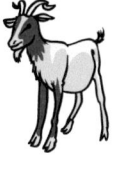

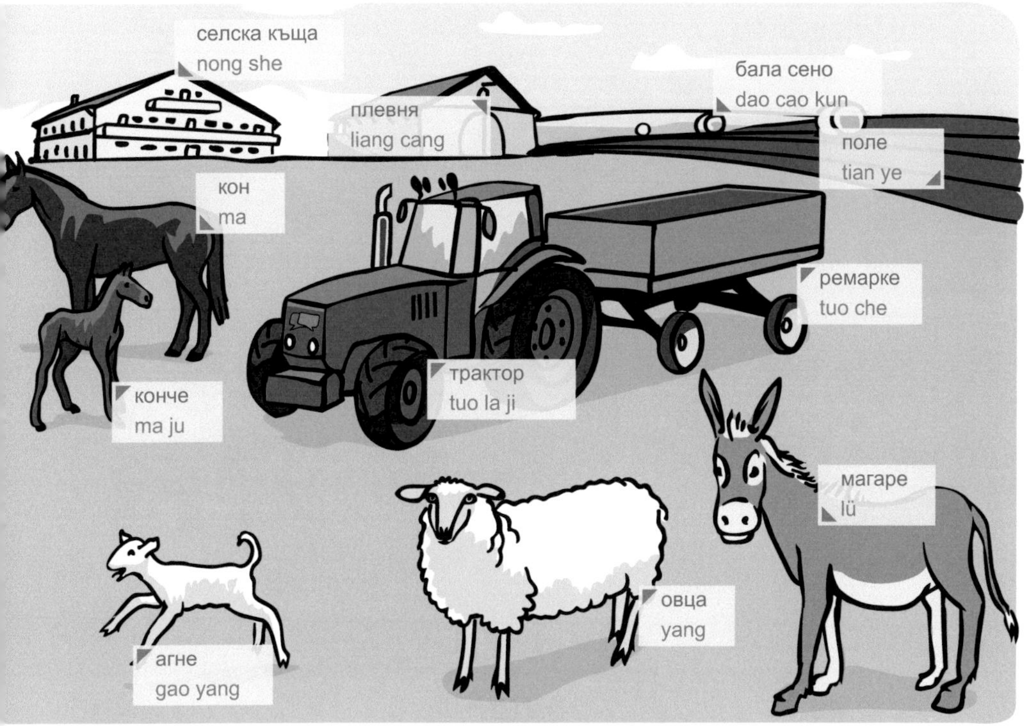

селска къща
nong she
плевня
liang cang
бала сено
dao cao kun
поле
tian ye
кон
ma
ремарке
tuo che
трактор
tuo la ji
конче
ma ju
магаре
lü
овца
yang
агне
gao yang

коза

shan yang

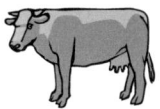

крава

nai niu

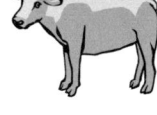

теле

niu du

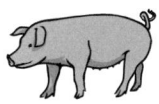

свиня

zhu

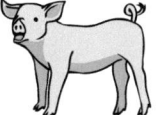

прасенце

xiao zhu

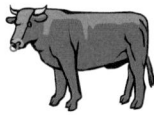

бик

gong niu

гъска

e

патица

ya

пиленце

xiao ji

кокошка

mu ji

петел

gong ji

плъх

shu

котка

mao

мишка

lao shu

вол

niu

куче

gou

кучешка колиба

gou wu

градински маркуч

hua yuan jiao shui ruan
guan

лейка

sa shui hu

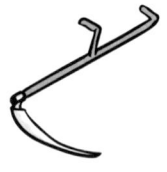

коса

chang bing da lian dao

плуг

li

селски двор - nong chang

съ牛рп

lian dao

мотика

chu tou

вила за тор

chang bing cao pa

брадва

fu tou

ръчна количка

du lun shou tui che

корито

si liao cao

съд за мляко

niu nai guan

чувал

ma bu dai

ограда

zha lan

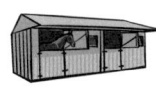

обор

ma jiu

парник

wen shi

земя

tu rang

сеитба

zhong zi

тор

fei liao

комбайн

lian he shou ge ji

жъна

shou ge

реколта

shou ge

ямс

shan yao

жито

xiao mai

соя

da dou

картоф

tu dou

царевица

yu mi

рапица

you cai zi

овощно дърво

guo shu

маниока

shu shu

зърнени храни

gu wu

къща

fang zi

комин
yan cong
покрив
wu ding
улук
luo shui guan
прозорец
chuang hu
гараж
che ku
звънец
men ling
врата
men
кофа за боклук
la ji tong
пощенска кутия
xin xiang
градина
hua yuan

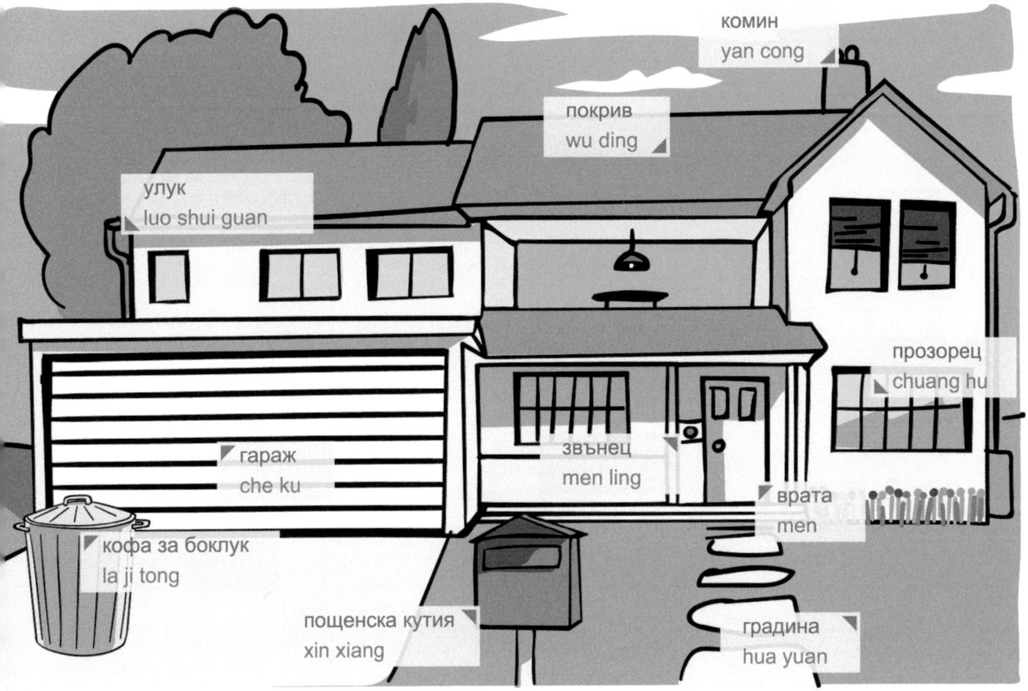

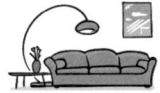

всекидневна

ke ting

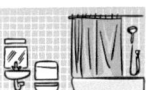

баня

yu shi

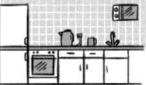

кухня

chu fang

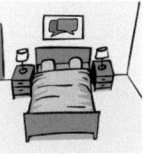

спалня

wo shi

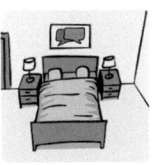

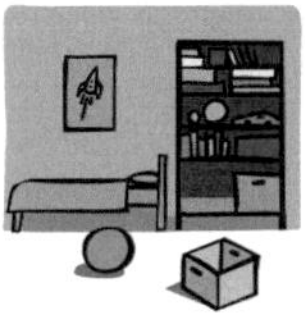

детска стая

er tong fang

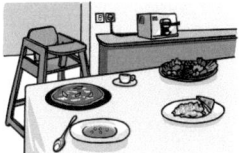

трапезария

can ting

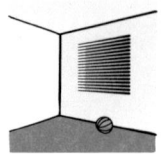

под
di ban

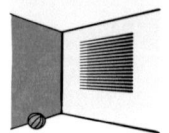

стена
qiang bi

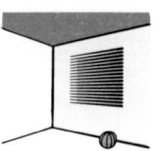

таван
diao ding

изба
di jiao

сауна
sang na

балкон
yang tai

тераса
lu tai

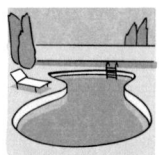

плувен басейн
you yong chi

косачка
ge cao ji

спално бельо
bei dan

покривка за легло
chuang zhao

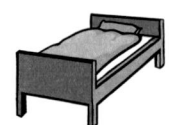

легло
chuang

метла
sao zhou

кофа
shui tong

електрически ключ
kai guan

всекидневна

ke ting

тапет
bi zhi
картина
zhao pian
лампа
tai deng
рафт
ge jia
шкаф
chu gui
телевизор
dian shi ji
камина
bi lu
цвете
hua
възглавница
dian zi
канапе
sha fa
ваза
hua ping
дистанционно управление
yao kong qi

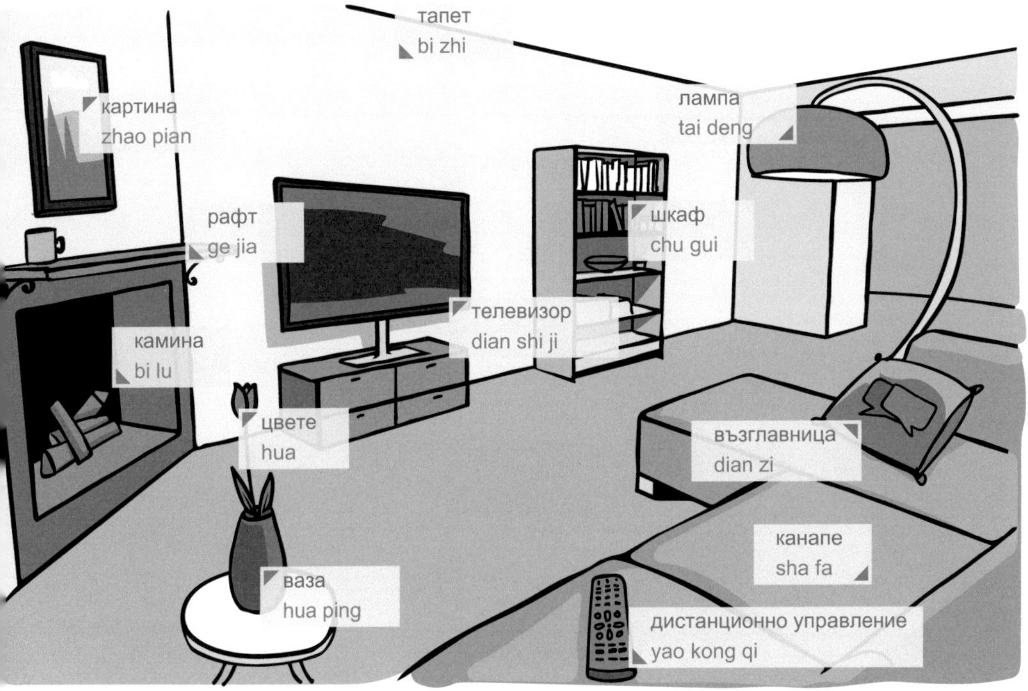

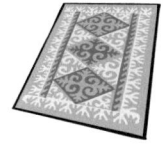

килим

di tan

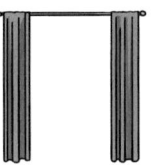

завеса

chuang lian

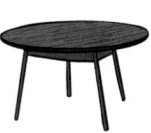

маса

can zhuo

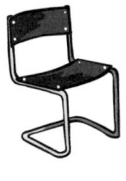

стол

yi zi

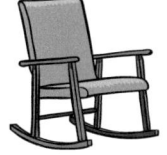

люлеещ се стол

yao yi

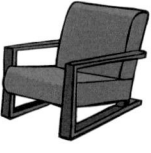

кресло

fu shou yi

книга

shu

одеяло

tan zi

декорация

zhuang shi pin

дърва за отопление

mu chai

филм

dian ying

стерео уредба

gao bao zhen yin xiang

ключ

yao shi

вестник

bao zhi

живопис

you hua

постер

hai bao

радио

shou yin ji

бележник

bi ji ben

прахосмукачка

xi chen qi

кактус

xian ren zhang

свещ

la zhu

кухня
chu fang

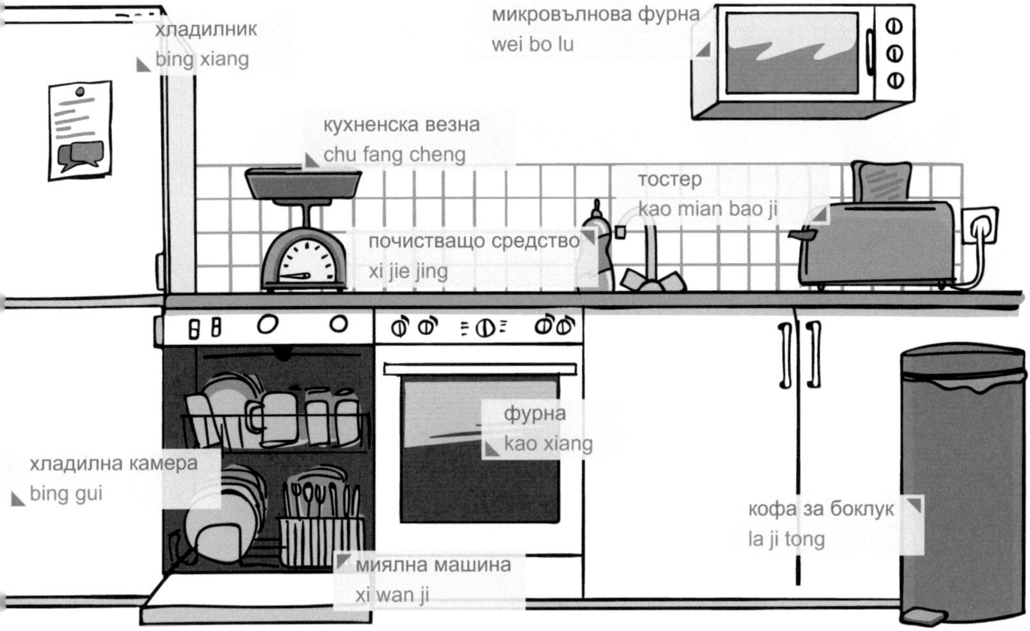

хладилник
bing xiang
микровълнова фурна
wei bo lu
кухненска везна
chu fang cheng
тостер
kao mian bao ji
почистващо средство
xi jie jing
фурна
kao xiang
хладилна камера
bing gui
кофа за боклук
la ji tong
миялна машина
xi wan ji

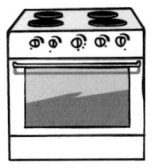

готварска печка

chui ju

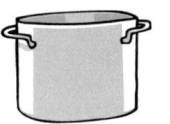

тенджера

guo

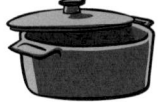

желязна тенджера

zhu tie guo

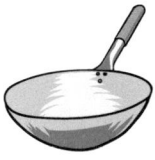

уок / кадаи

sha guo

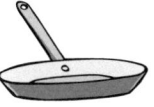

тиган

ping di guo

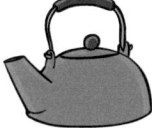

кана за затопляне на вода

shui hu

уред за готвене на пара

zheng guo

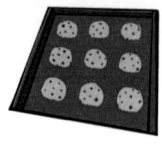

тава за печене

kao pan

съдове

tao ci guo

чаша

ma ke bei

купа

wan

клечки за хранене

kuai zi

черпак

chang bing shao

лопатка за тиган

chan zi

тел за разбиване (на яйца, белтъци)

jiao ban qi

кошница за варене

lü wang

гевгир

shai zi

ренде

mo sui ji

хаван

yan bo

барбекю

shao kao

огнище

ming huo

дъска

cai ban

точилка

gan mian zhang

тирбушон

kai ping qi

кутия

guan zi

отварачка за консерви

kai ping qi

кухненска ръкохватка

ge re shou tao

мивка

shui cao

четка

shua zi

гъба

hai mian

миксер

jiao ban ji

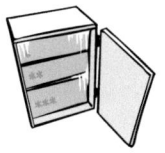

фризер

leng cang xiang

бебешко шише

nai ping

воден кран

shui long tou

баня

yu shi

отопление
gong nuan she bei
хавлиена кърпа
mao jin
душ
lin yu
завеса за баня
yu lian
шампоан за вана
pao mo yu
вана
yu gang
стъклена чаша
bo li bei
перална машина
xi yi ji
воден кран
shui long tou
плочки
ci zhuan
гърне
bian hu
мивка
shui cao

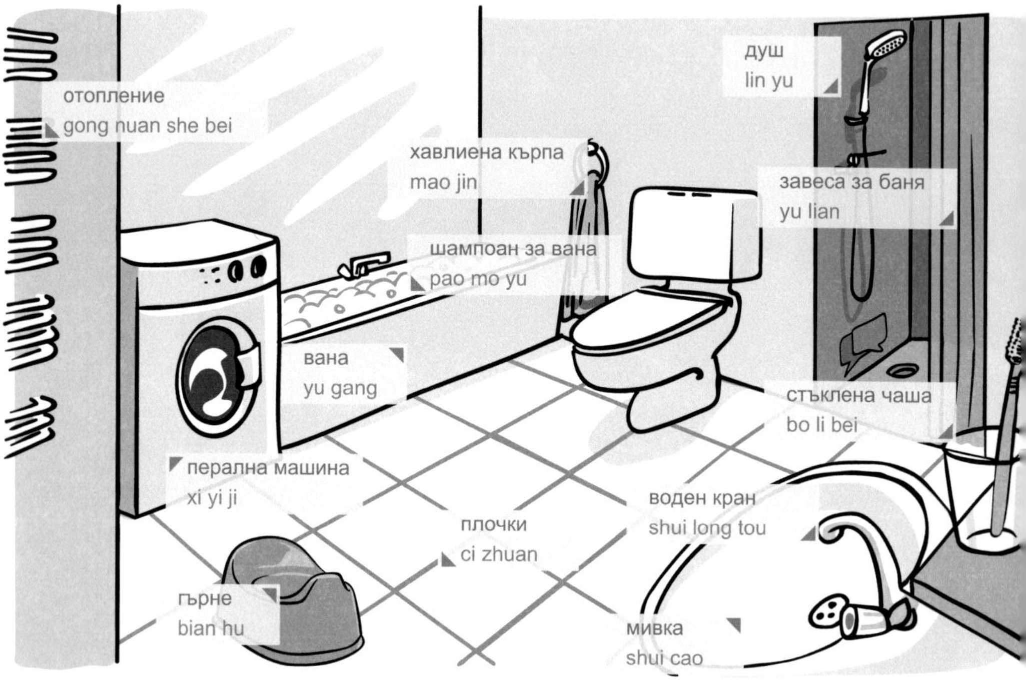

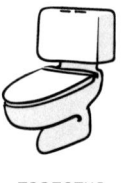

тоалетна

ce suo

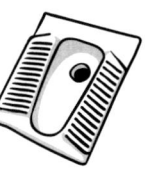

клекало

dun bian qi

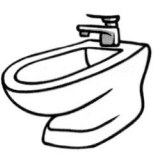

биде

zuo yu qi

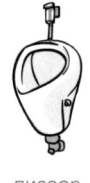

писоар

xiao bian chi

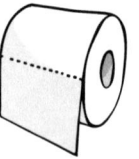

тоалетна хартия

ce zhi

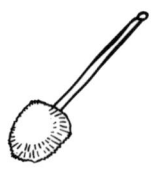

четка за тоалетна

ma tong shua

четка за зъби

ya shua

паста за зъби

ya gao

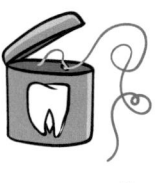

конец за зъби

ya xian

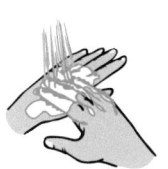

мия

xi

ръчен душ

shou chi shi pen lin tou

интимен душ

chong xi qi

леген

xi lian pen

четка за гръб

ca bei shua

сапун

fei zao

душ гел

mu yu lu

шампоан за вана

xi fa shui

гъба за баня

fa lan rong

сифон

pai shui

крем

ru shuang

дезодорант

chu chou ji

огледало

jing zi

козметично огледало

shou jing

ръчна самобръсначка

ti xu dao

пяна за бръснене

ti xu pao mo

одеколон за след бръснене

xu hou shui

гребен

shu zi

четка

shua zi

сешоар

chui feng ji

спрей за коса

pen fa ding xing ji

грим

hua zhuang pin

червило

chun gao

лак за нокти

zhi jia you

памук

hua zhuang mian

ножица за нокти

zhi jia jian

парфюм

xiang shui

тоалетна чантичка

xi shu bao

табуретка

deng zi

везна

ji zhong cheng

хавлия

yu pao

домакински ръкавици

xiang jiao shou tao

тампон

wei sheng mian tiao

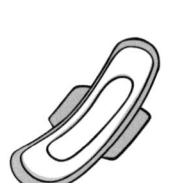

дамски превръзки

wei sheng jin

химическа тоалетна

hua xue ce suo

детска стая
er tong fang

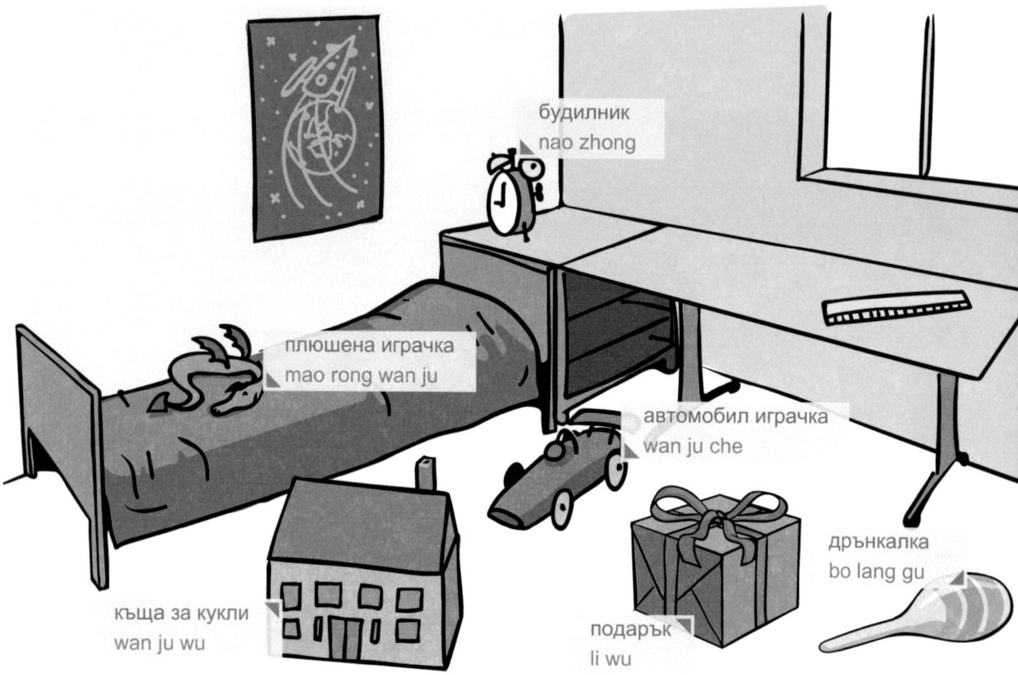

будилник
nao zhong
плюшена играчка
mao rong wan ju
автомобил играчка
wan ju che
дрънкалка
bo lang gu
къща за кукли
wan ju wu
подарък
li wu

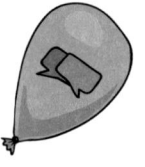

балон

qi qiu

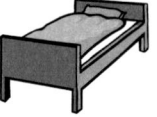

легло

chuang

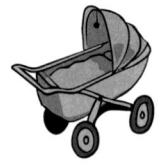

детска количка

(yang wa wa yong)ying er che

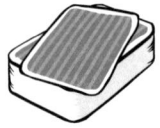

игра на карти

pu ke pai

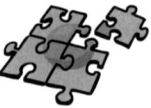

пъзел

pin tu

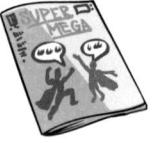

комикс

man hua

лего елементи

le gao ji mu

строителни елементи

ji mu wan ju

екшън фигурка

wan ju ren

бебешки гащеризон

ying er fu

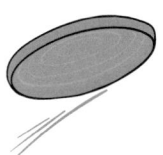

фрисби

fei pan

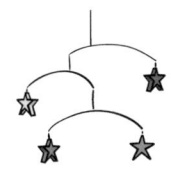

бебешки играчки за легло

chuang ling wan ju

настолна игра

qi pan you xi

зарче

shai zi

миниатюрно влакче

huo che mo xing

биберон

an fu nai zui

парти

ju hui

детска книга с илюстрации

hui ben

топка

qiu

кукла

yang wa wa

играя

wan

пясъчник

sha keng

люлка

qiu qian

играчка

wan ju

игрова конзола

you xi ji

велосипед с три колелета

san lun che

плюшено мече

tai di xiong

гардероб

yi chu

облекло

yi fu

къси чорапи

wa zi

дълги чорапи

chang wa

чорапогащник

jin shen ku

шал
wei jin

чадър
yu san

Т-шърт
T xu

колан
pi dai

ботуши
xue zi

пантофи
tuo xie

гуменки
yun dong xie

сандали

liang xie

обувки

xie

гумени ботуши

yu xue

слип

nei ku

сутиен

xiong zhao

долна блуза

bei xin

облекло - yi fu

45

боди

shen ti

панталон

ku zi

дънки

niu zai ku

пола

duan qun

блуза

nü shi chen shan

риза

chen shan

пуловер

tao tou shan

суичър

wei yi

блейзър

xi zhuang jia ke

яке

jia ke

палто

wai tao

дъждобран

yu yi

костюм

tao zhuang

рокля

lian yi qun

булчинска рокля

hun sha

костюм

xi zhuang

нощница

shui pao

пижама

shui yi

сари

sha li

кърпа за глава

tou jin

тюрбан

bao tou jin

бурка

bo ka

кафтан

ka fu tan

абая

(a la bo shi)chang pao

бански костюм

yong yi

плувни шорти

nan shi yong ku

къс панталон

duan ku

анцуг

yun dong fu

престилка

wei qun

ръкавици

shou tao

копче

niu kou

очила

yan jing

гривна

shou lian

верижка

xiang lian

пръстен

jie zhi

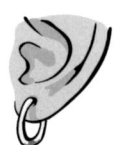

обеца

er huan

каскет

bian mao

закачалка

yi jia

шапка

mao zi

вратовръзка

ling dai

цип

la lian

каска

tou kui

тиранти

bei dai

ученическа униформа

xiao fu

униформа

zhi fu

лигавник

wei dou

биберон

an fu nai zui

пелена

niao bu shi

офис

ban gong shi

сървър
fu wu qi

шкаф за документи
wen jian gui

принтер
da yin ji

монитор
xian shi ping

хартия
zhi

бюро
ban gong zhuo

мишка
shu biao

папка
wen jian jia

клавиатура
jian pan

кошче за хартиени отпадъци
fei zhi kuang

стол
yi zi

компютър
dian nao

чаша за кафе

ka fei bei

джобен калкулатор

ji suan qi

интернет

yin te wang

лаптоп

bi ji ben dian nao

писмо

xin jian

съобщение

xiao xi

мобилен телефон

shou ji

мрежа

wang luo

ксерокс

fu yin ji

софтуер

ruan jian

телефон

dian hua

контакт

cha zuo

факс

chuan zhen ji

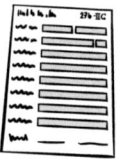

формуляр

biao ge

документ

wen jian

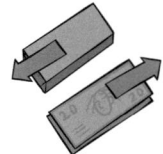

купувам

mai

плащам

fu qian

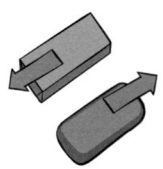

търгувам

jiao yi

пари

xian jin

USD

долар

mei yuan

EUR

евро

ou yuan

JPY

йена

ri yuan

RUB

рубла

lu bu

CHF

швейцарски франк

rui shi fa lang

CNY

ренминби юан

ren min bi

INR

рупия

lu bi

банкомат

ti kuan chu

обменно бюро

wai bi dui huan chu

злато

jin

сребро

yin

нефт

shi you

енергия

neng yuan

цена

jia ge

договор

he tong

данък

shui jin

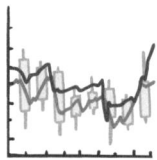

акция

gu piao

работя

gong zuo

служител

zhi yuan

работодател

lao ban

фабрика

gong chang

магазин за цветя

shang dian

полицай
jing guan

пожарникар
xiao fang yuan

готвач
chu shi

лекар
yi sheng

пилот
fei xing yuan

градинар
yuan ding

мебелист
mu jiang

шивачка
cai feng

съдия
fa guan

химик
hua xue jia

артист
yan yuan

шофьор на автобус

gong jiao che si ji

шофьор на такси

chu zu che si ji

рибар

yu fu

чистачка

qing jie nü gong

майстор на покриви

wu ding gong

келнер

fu wu yuan

ловец

lie ren

художник

hua jia

хлебар

mian bao shi

електротехник

dian gong

строителен работник

jian zhu gong ren

инженер

gong cheng shi

касапин

tu fu

тенекеджия

shui guan gong

пощальон

you di yuan

войник

shi bing

архитект

jian zhu shi

касиер

shou yin yuan

цветар

hua nong

фризьор

li fa shi

кондуктор

shou piao yuan

механик

ji xie shi

капитан

chuan zhang

зъболекар

ya yi

научен работник

ke xue jia

равин

la bi

имàм

yi ma mu

монах

he shang

свещеник

mu shi

инструменти
gong ju

клещи
qian zi
чук
tie chui
отвертка
luo si dao
джобна лампа
shou dian tong
гаечен ключ
ban shou

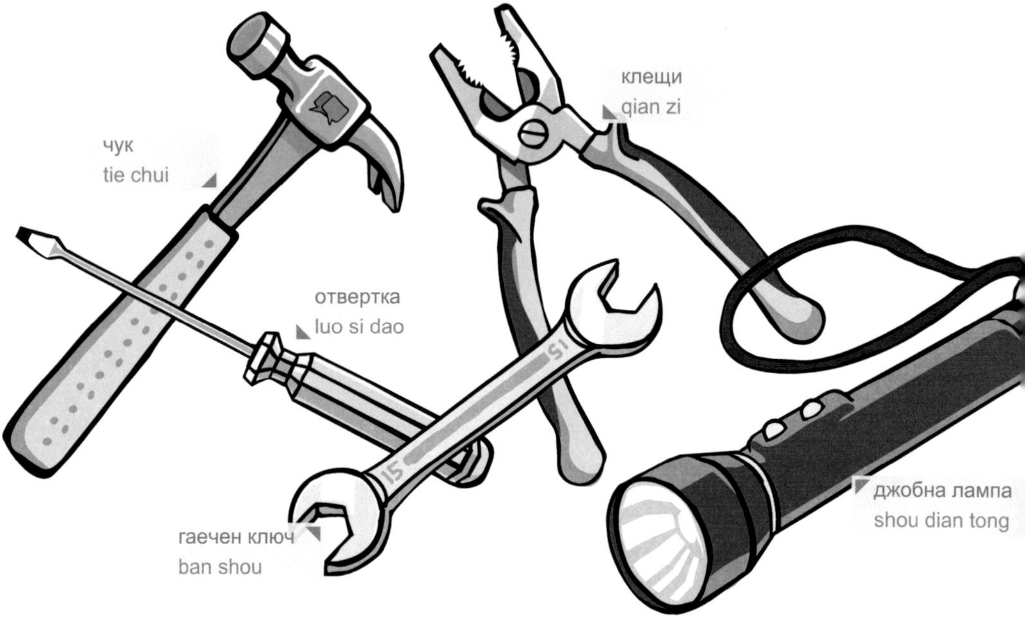

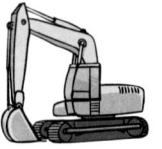

багер
wa jue ji

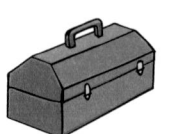

кутия за инструменти
gong ju xiang

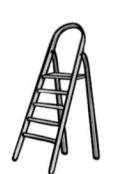

стълба
ti zi

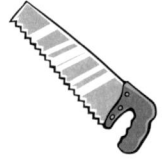

трион
ju zi

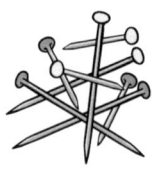

пирони
ding zi

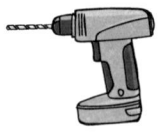

бормашина
zuan ji

ремонтирам

xiu

лопата

chan zi

По дяволите!

kao!

лопатка за смет

bo ji

кутия за боя

you qi tong

болтове

luo si

музикални инструменти
yue qi

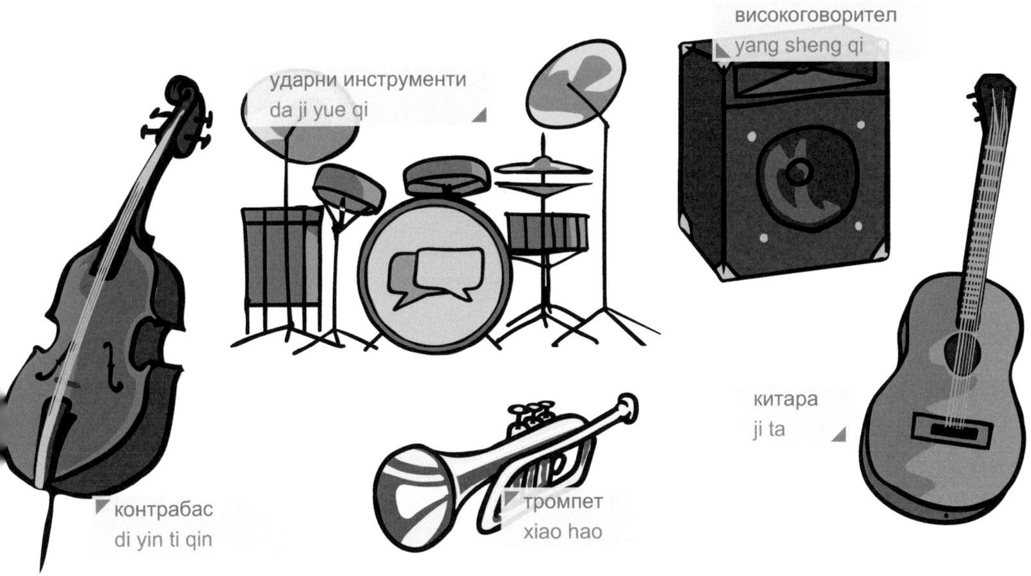

висикоговорител
yang sheng qi

ударни инструменти
da ji yue qi

китара
ji ta

контрабас
di yin ti qin

тромпет
xiao hao

пиано

gang qin

виолина

xiao ti qin

контрабас

bei si

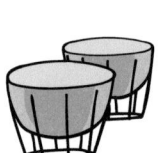

тимпан

ding yin gu

барабан

gu

електрическо пиано

dian zi qin

саксофон

sa ke si guan

флейта

chang di

микрофон

mai ke feng

зоологическа градина
dong wu yuan

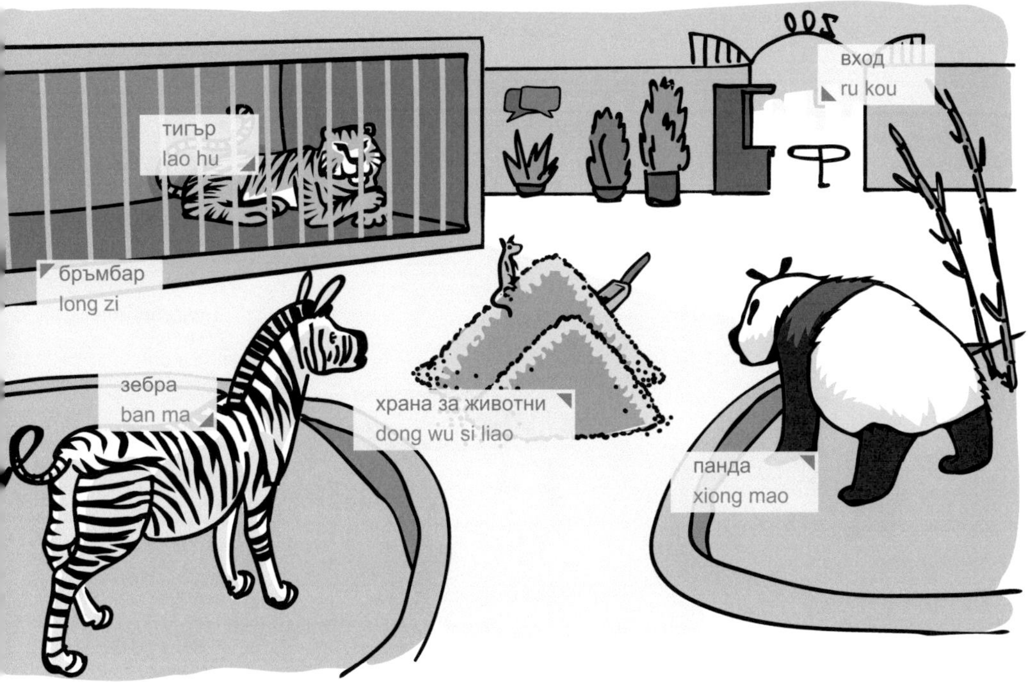
вход
ru kou
тигър
lao hu
бръмбар
long zi
зебра
ban ma
храна за животни
dong wu si liao
панда
xiong mao

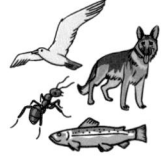

животни

dong wu

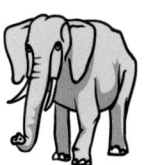

слон

da xiang

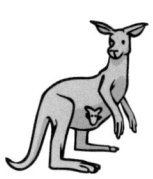

кенгуру

dai shu

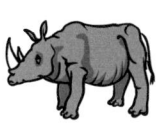

носорог

xi niu

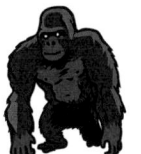

горила

da xing xing

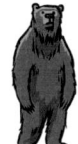

мечка

xiong

камила

luo tuo

щраус

tuo niao

лъв

shi zi

маймуна

hou zi

фламинго

huo lie niao

папагал

ying wu

бяла мечка

bei ji xiong

пингвин

qi e

акула

sha yu

паун

kong que

змия

she

крокодил

e yu

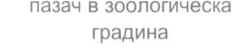

пазач в зоологическа
градина

dong wu yuan guan li yuan

тюлен

hai bao

ягуар

mei zhou bao

пони

ai zhong ma

леопард

bao

хипопотам

he ma

жираф

chang jing lu

орел

lao ying

диво прасе

ye zhu

риба

yu

костенурка

gui

морж

hai xiang

лисица

hu li

газела

ling yang

американски футбол
gan lan qiu

колоездене
qi zi xing che

тенис
wang qiu

баскетбол
lan qiu

плуване
you yong

бокс
quan ji

хокей на лед
bing qiu

футбол
ying shi zu qiu

бадминтон
yu mao qiu

лека атлетика
tian jing

хандбал
shou qiu

ски бягане
hua xue

поло
ma qiu

дейности
huo dong

скачам
tiao
прегръщам
yong bao
смея се
xiao
вървя
zou lu
пея
chang
сънувам
zuo meng
моля се
qi dao
целувам
qin wen

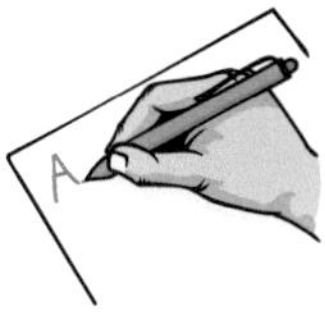

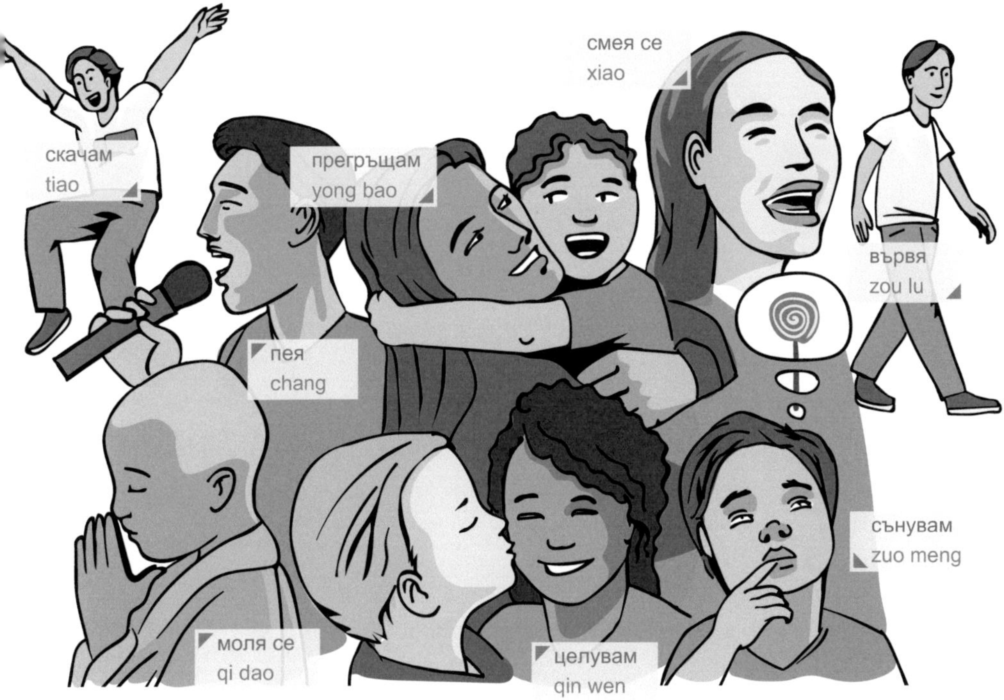

пиша

shu xie

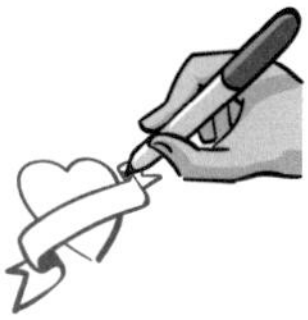

рисувам

hua

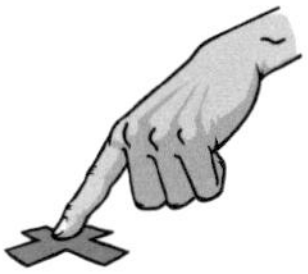

показвам

zhan shi

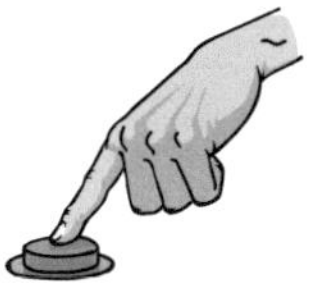

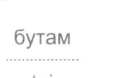

бутам

tui

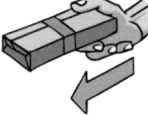

давам

gei

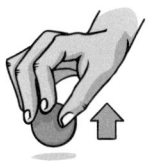

взимам

na

имам

you

правя

zuo

съм

dang

стоя

zhan

тичам

pao

дърпам

la

хвърлям

reng

падам

shuai dao

лежа

tang

чакам

deng dai

нося

xie dai

седя

zuo

обличам

chuan yi

спя

shui jiao

събуждам се

xing lai

разглеждам

kan

плача

ku

милвам

fu mo

реша се

shu tou

говоря

jiao tan

разбирам

ming bai

питам

wen

слушам

ting

пия

he

ям

chi

разтребвам

qing li

обичам

ai

готвя

zuo fan

карам автомобил

kai che

летя

fei

плавам (с платна)

hang xing

смятане

ji suan

чета

du

уча

xue xi

работя

gong zuo

женя се

jie hun

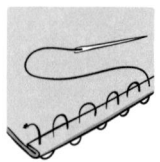

шия

feng

измивам си зъбите

shua ya

убивам

sha

пуша

chou yan

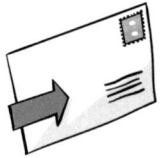

изпращам

ji

семейство
jia

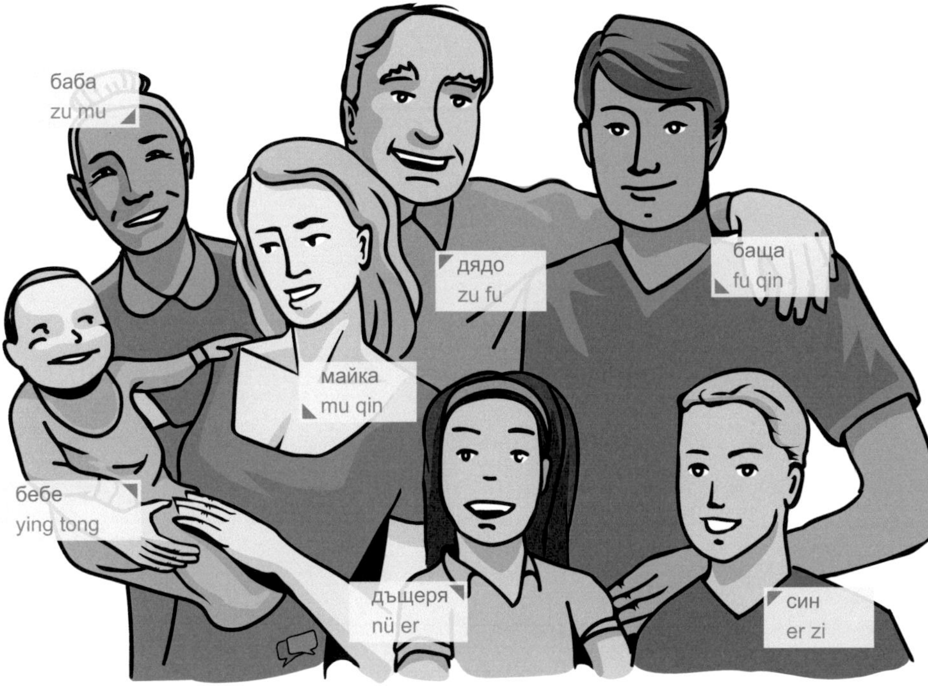
баба
zu mu
дядо
zu fu
баща
fu qin
майка
mu qin
бебе
ying tong
дъщеря
nü er
син
er zi

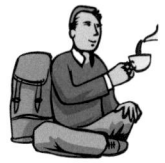

посетител

ke ren

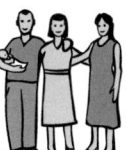

леля

a yi

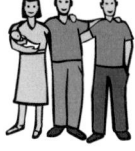

чичо

shu shu

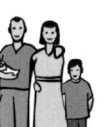

брат

xiong di

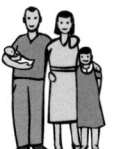

сестра

jie mei

тяло

shen ti

чело
qian e
око
yan jing
рамо
jian bang
пръст
shou zhi
лице
lian
брадичка
xia ba
ръка
shou
гърди
ru fang
крак
tui
ръка
shou bi

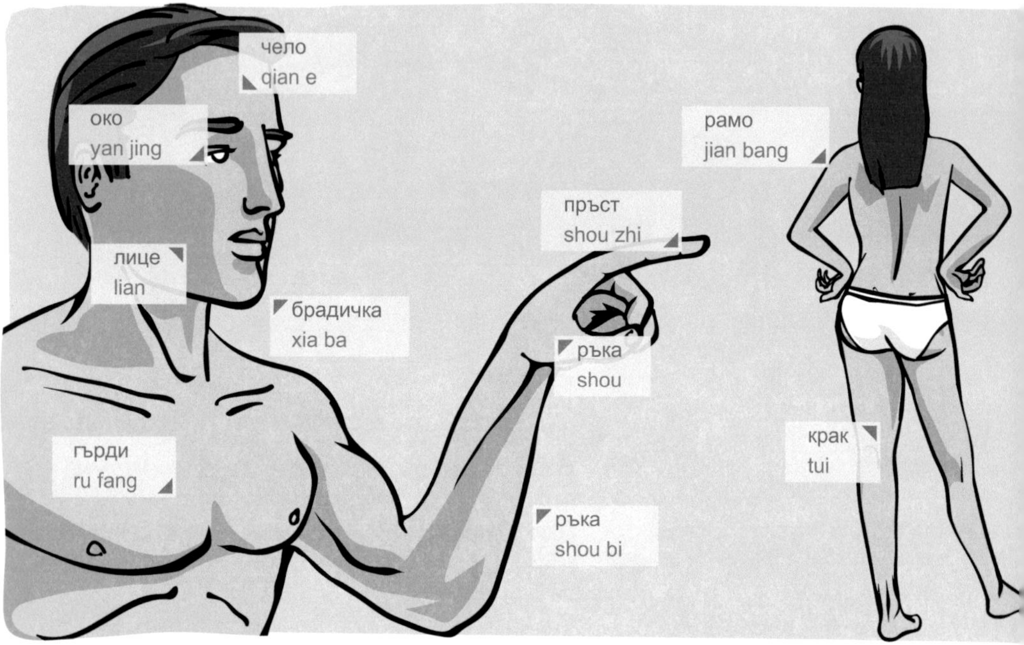

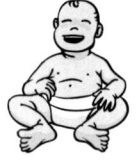

бебе

ying tong

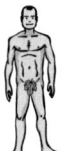

мъж

nan ren

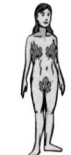

жена

nü ren

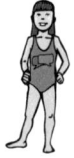

момиче

nü hai

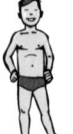

момче

nan hai

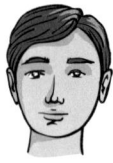

глава

tou

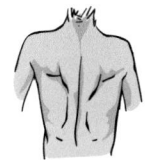

гръб
bei bu

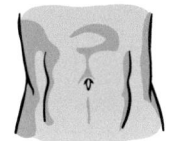

корем
du zi

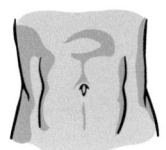

пъп
du qi

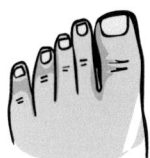

пръст на крака
jiao zhi

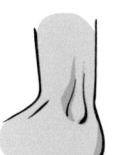

пета
jiao hou gen

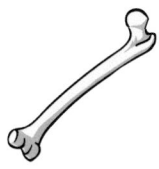

кост
gu tou

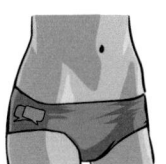

хълбок
tun bu

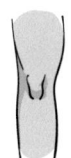

коляно
xi gai

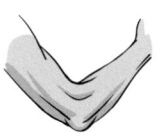

лакът
shou zhou

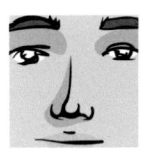

нос
bi zi

седалище
pi gu

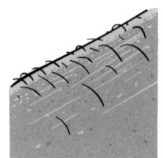

кожа
pi fu

буза
lian jia

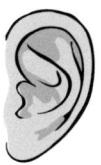

ухо
er duo

устна
zui chun

уста

zui

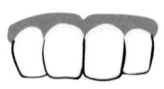

зъб

ya chi

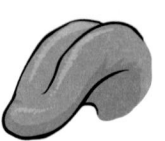

език

she tou

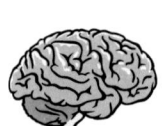

мозък

nao

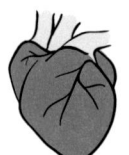

сърце

xin zang

мускул

ji rou

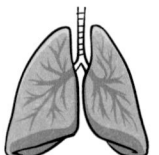

бял дроб

fei

черен дроб

gan zang

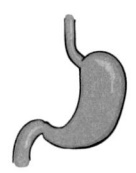

стомах

wei

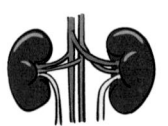

бъбреци

shen zang

полово сношение

xing jiao

кондом

bi yun tao

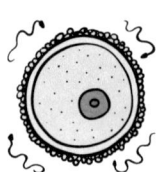

яйцеклетка

luan zi

сперма

jing zi

бременност

huai yun

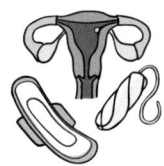

менструация
....
yue jing

вагина
....
yin dao

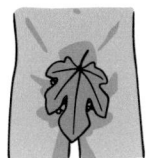

пенис
....
yin jing

вежда
....
mei mao

коса
....
tou fa

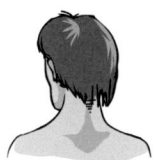

шия
....
bo zi

тяло - shen ti

болница

yi yuan

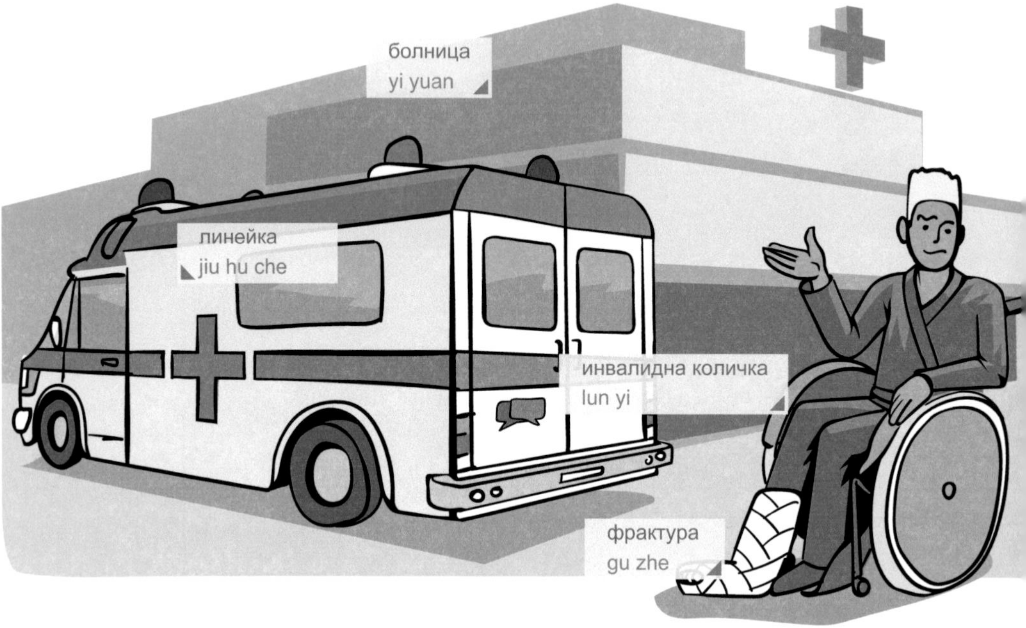

болница
yi yuan
линейка
jiu hu che
инвалидна количка
lun yi
фрактура
gu zhe

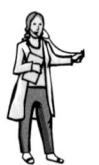

лекар

yi sheng

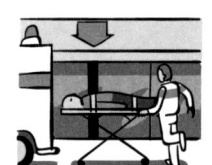

спешна хоспитализация

ji zhen shi

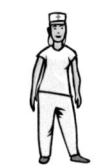

медицинска сестра

hu shi

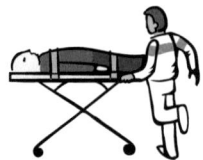

спешен случай

jin ji qing kuang

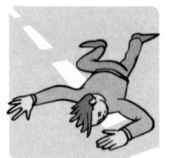

в безсъзнание

hun mi

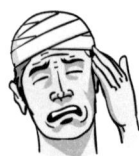

болка

tong

нараняване

shou shang

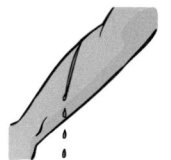

кървене

chu xue

инфаркт

xin zang bing fa zuo

инсулт

zhong feng

алергия

guo min

кашлица

ke sou

температура

fa shao

грип

liu gan

диария

fu xie

главоболие

tou tong

рак

ai zheng

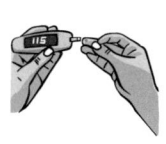

диабет

tang niao bing

хирург

wai ke yi sheng

скалпел

shou shu dao

операция

shou shu

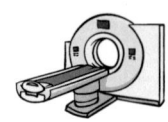

компютърна томография

CT

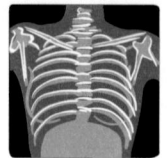

рентген

X guang

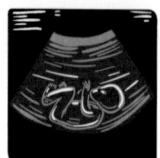

ултразвук

chao sheng bo

маска

kou zhao

болест

ji bing

чакалня

hou zhen shi

патерица

guai zhang

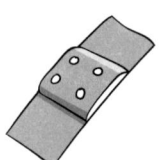

пластир

shi gao

превръзка

beng dai

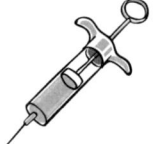

инжекция

zhu she

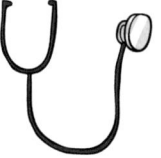

стетоскоп

ting zhen qi

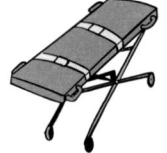

носилка

dan jia

термометър

ti wen ji

раждане

chu sheng

наднормено тегло

chao zhong

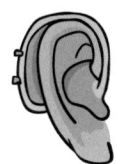

слухов апарат

zhu ting qi

дезинфекционно средство

xiao du ye

инфекция

gan ran

вирус

bing du

HIV / AIDS

ai zi bing

медицина

yao wu

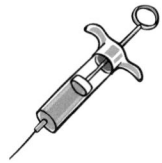

ваксинация

jie zhong yi miao

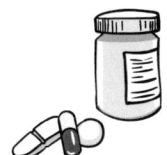

таблети

yao pian

противозачатъчна
таблетка
yao wan

спешно телефонно
обаждане
ji jiu dian hua

апарат за измерване на
кръвното налягане

xue ya ji

болен / здрав

sheng bing/jian kang

Помощ!

jiu ming!

сигнал за тревога

jing bao

нападение

tu ji

атака

gong ji

опасност

wei xian

авариен изход

jin ji chu kou

Пожар!

zhao huo la!

пожарогасител

mie huo qi

злополука

yi wai

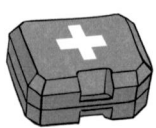

комплект за оказване на
първа помощ

ji jiu xiang

SOS

hu jiu xin hao

полиция

jing cha

Европа

ou zhou

Северна Америка

bei mei zhou

Южна Америка

nan mei zhou

Африка

fei zhou

Азия

ya zhou

Австралия

ao zhou

Атлантически океан

da xi yang

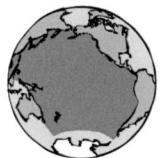

Тихи океан

tai ping yang

Индийски океан

yin du yang

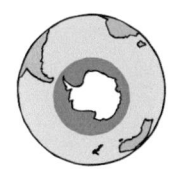

Южен ледовит океан

nan bing yang

Северен ледовит океан

bei bing yang

Северен полюс

bei ji

Южен полюс

nan ji

Антарктида

nan ji zhou

Земя

di qiu

суша

lu di

море

hai

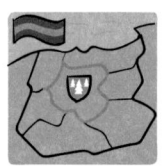

остров

dao

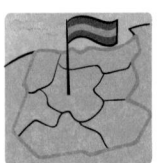

нация

guo jia

държава

guo jia

циферблат

zhong mian

стрелка на часовете

shi zhen

стрелка на минутите

fen zhen

стрелка на секундите

miao zhen

Колко е часът?

xian zai ji dian?

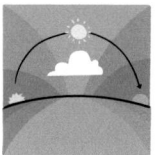

ден

tian

време

shi jian

сега

xian zai

дигитален часовник

dian zi biao

минута

fen

час

shi

седмица

zhou

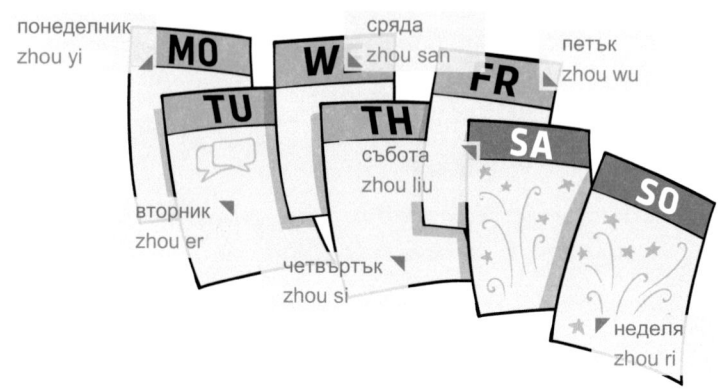

понеделник
zhou yi

сряда
zhou san

петък
zhou wu

вторник
zhou er

четвъртък
zhou si

събота
zhou liu

неделя
zhou ri

вчера

zuo tian

днес

jin tian

утре

ming tian

сутрин

zao chen

обед

zhong wu

вечер

wan shang

MO	TU	WE	TH	FR	SA	SU
1	2	3	4	5	6	7
8	9	10	11	12	13	14
15	16	17	18	19	20	21
22	23	24	25	26	27	28
29	30	31	1	2	3	4

работни дни

gong zuo ri

MO	TU	WE	TH	FR	SA	SU
1	2	3	4	5	6	7
8	9	10	11	12	13	14
15	16	17	18	19	20	21
22	23	24	25	26	27	28
29	30	31	1	2	3	4

уикенд

zhou mo

дъжд
yu

дъга
cai hong

вятър
feng

сняг
xue

пролет
chun

есен
qiu

лято
xia

зима
dong

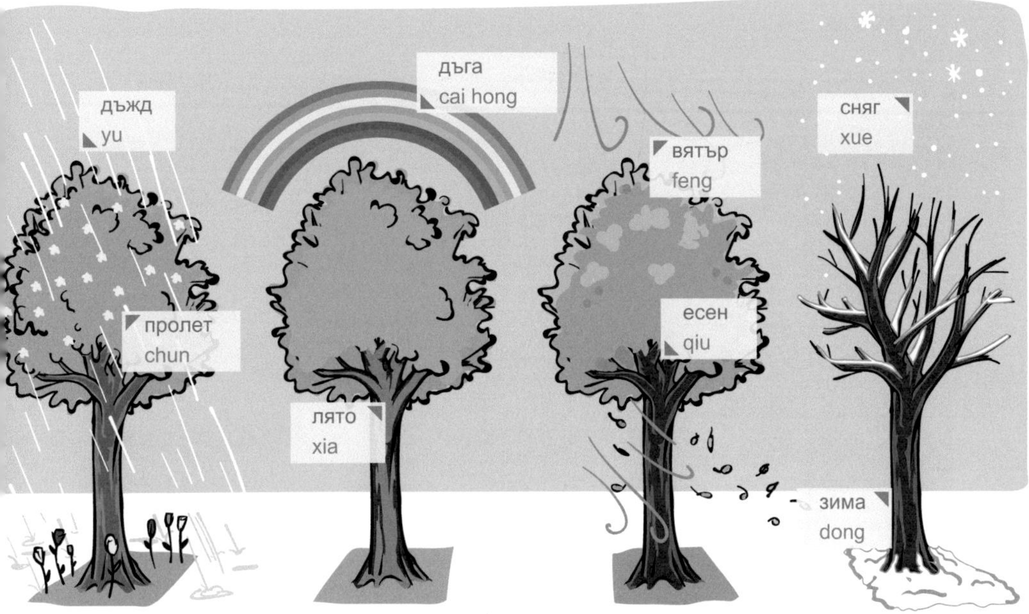

прогноза за времето

tian qi yu bao

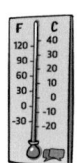

термометър

wen du ji

слънчева светлина

yang guang

облак

yun

мъгла

wu

влажност на въздуха

chao shi

светкавица

shan dian

гръмотевица

da lei

буря

feng bao

градушка

bing bao

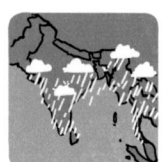

мусон

ji feng

наводнение

hong shui

лед

bing

януари

yi yue

февруари

er yue

март

san yue

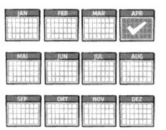

април

si yue

май

wu yue

юни

liu yue

юли

qi yue

август

ba yue

година - nian

септември
....
jiu yue

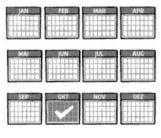

октомври
....
shi yue

ноември
....
shi yi yue

декември
....
shi er yue

форми

xing zhuang

кръг
....
yuan xing

квадрат
....
zheng fang xing

четириъгълник
....
chang fang xing

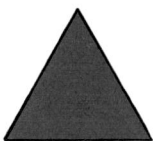

триъгълник
....
san jiao xing

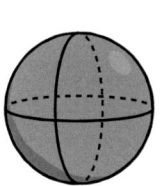

сфера
....
qiu ti

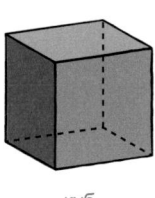

куб
....
li fang ti

бял

bai

жълт

huang

оранжев

cheng

розов

fen

червен

hong

лилав

zi

син

lan

зелен

lü

кафяв

zong

сив

hui

черен

hei

много / малко

hen duo/shao xu

ядосан / спокоен

sheng qi/ping jing

красив / грозен

mei/chou

начало / край

shou/wei

голям / малък

da/xiao

светъл / тъмен

ming/an

брат / сестра

xiong di/jie mei

чист / мръсен

gan jing/ang zang

пълен / непълен

wan zheng/que shi

ден / нощ

bai tian/wan shang

мъртъв / жив

si/sheng

широк / тесен

kuan/zhai

ядлив / неядлив

ke shi yong/fei shi yong

сърдит / любезен

xie e/shan liang

развълнуван / скучаещ

xing fen/wu liao

дебел / тънък

pang/shou

най-напред / най-накрая

di yi/zui hou

приятел / враг

peng you/di ren

пълен / празен

man/kong

твърд / мек

ying/ruan

тежък / лек

zhong/qing

глад / жажда

e/ke

болен / здрав

sheng bing/jian kang

нелегален / легален

fei fa/he fa

интелигентен / глупав

cong ming/yu ben

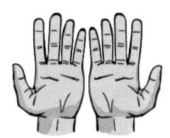

ляво / дясно

zuo/you

близо / далече

jin/yuan

нов / употребяван

xin/jiu

нищо / нещо

mei you/you xie

стар / млад

lao/you

вкл. / изкл.

kai/guan

отворен / затворен

da kai/he shang

тих / силен (звук)

an jing/chao nao

богат / беден

fu/qiong

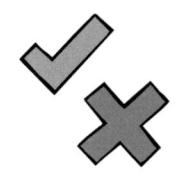

правилен / погрешен

dui/cuo

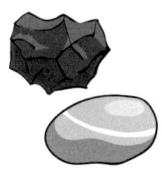

грапав / гладък

cu cao/guang hua

тъжен / щастлив

shang xin/gao xing

дълъг / къс

duan/chang

бавен / бърз

man/kuai

мокър / сух

shi/gan

топъл / студен

wen nuan/liang shuang

война / мир

zhan zheng/he ping

0

нула

ling

1

едно

yi

2

две

er

3

три

san

4

четири

si

5

пет

wu

6

шест

liu

7

седем

qi

8

осем

ba

9

девет

jiu

10

десет

shi

11

единадесет

shi yi

12
дванадесет

shi er

13
тринадесет

shi san

14
четиринадесет

shi si

15
петнадесет

shi wu

16
шестнадесет

shi liu

17
седемнадесет

shi qi

18
осемнадесет

shi ba

19
деветнадесет

shi jiu

20
двадесет

er shi

100
сто

bai

1.000
хиляда

qian

1.000.000
милион

bai wan

английски

ying yu

американски английски

mei shi ying yu

китайски мандарин

pu tong hua

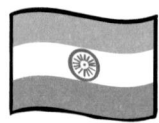

хинди

yin di yu

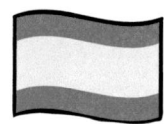

испански

xi ban ya yu

френски

fa yu

арабски

a la bo yu

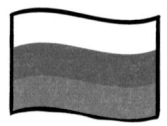

руски

e yu

португалски

pu tao ya yu

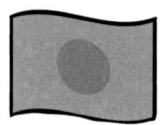

бенгалски

feng jia la yu

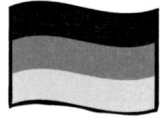

немски

de yu

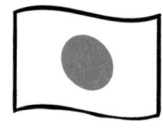

японски

ri yu

аз

wo

ти

ni

той / тя / то

ta/ta/ta

ние

wo men

вие

ni men

те

ta men

кой?

shei?

какво?

shen me?

как?

zen yang?

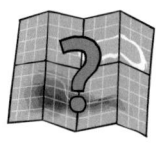

къде?

na li?

кога?

shen me shi hou?

име

ming zi

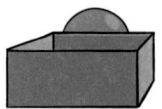

зад

hou mian

в

li mian

пред

qian mian

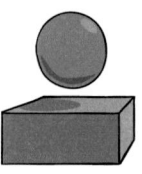

над

shang fang

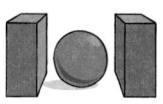

върху

shang mian

под

xia mian

до

pang bian

между

zhong jian

място

di dian